The Pukará of Quitor

An Indigenous Self-Determination Case Study

By

Ryan and Laura M. Seelau

Translation by Laura M. Seelau

Project for Indigenous Self-Determination

Bäuu Institute and Press

1 2 3 4 5 6 7 8 9 10

Library of Congress Cataloging-in-Publication Data

Seelau, Ryan
Seelau, Laura M.

The The Pukará of Quitor: An Indigenous Self-Determination Case Study/
by Ryan and Laura M. Seelau

p. cm.
Includes images.
ISBN 978-1-936955-09-1 (paperback : alk. paper)
1. Chile. 2. Indigenous People 3. Political Science

The paper in this book meets the guidelines for permanence and durability of the Committee on Production Guidelines for Book Longevity of the Council on Library Resources, Inc.

About the Project for Indigenous Self-Determination

The Project for Indigenous Self-Determination (Project ISD) was founded in 2010 and is an organization that is committed to the right of self-determination for all indigenous peoples worldwide. Project ISD believes the path to meaningful self-determination for indigenous peoples takes many different forms. Indigenous peoples are continually finding new and innovative solutions to the various problems they face and, in the process, are finding better and better ways to exercise self-determination. Documenting and sharing these stories of indigenous self-determination is a primary objective of Project ISD's work.

Project ISD also believes that while Indigenous peoples must be proactive in exercising their rights, much can still be done to convince governments (and the rest of the world) that indigenous self-determination is a right that must be promoted and supported. As such, Project ISD is also dedicated to producing valuable research for the purpose of promoting indigenous self-determination among all audiences.

About the Authors

Laura Seelau graduated from the University of Arizona with degrees in Law (J.D.) and Latin American Studies (M.A.). She has experience working for the United Nations on projects related to indigenous peoples. Specifically, she studied under and worked for James Anaya, the Special Rapporteur on the Situation of Human Rights and Fundamental Freedoms of Indigenous Peoples. Laura is an expert on international law and has presented on the topic in both English and Spanish on numerous occasions.

Ryan Seelau received his law degree (J.D.) from the University of Iowa, and then went on to receive advanced degrees (LLM and S.J.D.) from the University of Arizona in Indigenous Peoples Law and Policy. His most extensive work experience is with the Native Nations Institute for Leadership, Management, and Policy in the areas of general research and curriculum development. He has, however, also worked with a number of different organizations on indigenous-related projects in areas as diverse as: justice systems, economic development, and health. His expertise is grounded in U.S. Indian Law, and more generally, in governance structures and theory.

Both authors lived in Chile from 2009 to 2012, during which time they dedicated themselves not only to studying the situation of indigenous peoples in Chile but also to advancing indigenous rights in Chile through community workshops and discussions, the creation of educational materials, legal assistance and participation in seminars.

Sobre el Proyecto para la Libre Determinación Indígena (ProLDI)

El Proyecto para la Libre Determinación Indígena (ProLDI) es una organización que se dedica a promover el derecho indígena a la libre determinación de que gozan los pueblos indígenas del mundo. ProLDI se fundamenta en la creencia de que el camino hacia una libre determinación robusta puede adoptar una variedad de formas, y que pueblos indígenas están desarrollando constantemente nuevas e innovadoras soluciones para superar los múltiples desafíos que encuentran. Como parte del proceso, identifican e implementan estrategias para el ejercicio de la libre determinación cada vez mejores. En reconocimiento del rol central que deben jugar los pueblos indígenas en el crecimiento de la libre determinación, uno de los objetivos principales del ProLDI es documentar aquellas estrategias que funcionan y compartir dicha información por el mundo.

A la vez, el Proyecto para la Libre Determinación Indígena es consciente de que, mientras que los pueblos indígenas deban ser protagonistas en el ejercicio de sus derechos, todavía existe una brecha no menor entre los derechos reconocidos y la práctica. Sigue siendo necesario realizar trabajos orientados a convencer a los gobiernos estatales del valor de la libre determinación indígena. Pues, ProLDI se dedica también a la ejecución de investigaciones que puedan contribuir a la promoción de la libre determinación indígena.

Sobre los Autores

Laura Seelau es titulada en derecho y estudios latinoamericanos de la Universidad de Arizona, también certificada en derecho y política indígena. Ha trabajado con las Naciones Unidas en proyectos relacionados con pueblos indígenas, específicamente, estudiando y trabajando con James Anaya, el actual Relator Especial de la ONU sobre la situación de derechos humanos y libertades fundamentales de los indígenas. Es experta en el derecho internacional, sobre el cual ha presentado en varias ocasiones en inglés como en español.

Ryan Seelau tiene su título de derecho de la Universidad de Iowa, después de que recibió títulos en derecho avanzados (LLM y SJD) de la Universidad de Arizona, especializando en derecho y política indígena. Su experiencia profesional más destacable ha sido con el Native Nations Institute for Leadership, Management, and Policy, donde ha colaborado en proyectos de investigación y el desarrollo del currículo. También, ha trabajado con una variedad de organizaciones en proyectos sobre asuntos indígenas, incluso: sistemas de justicia, desarrollo económico y salud. Su experiencia se fundamenta en el derechos indígena estadounidense, además las estructuras y teorías del gobierno.

Ambos autores residieron en Chile entre 2009 y 2012, dedicándose durante ese periodo no solamente al estudio de la situación de los pueblos indígenas en Chile sino también al avance de los derechos indígenas en Chile por medio de talleres y charlas comunitarias, creación de material educativo, asesoría legal y participación en seminarios.

The Pukará of Quitor

An Indigenous Self-Determination Case Study

The Project for Indigenous Self-Determination wishes to thank the Atacameño Community of Quitor for allowing and supporting us in the writing of this document. This case study would not have been possible without the full support of the community of Quitor. Specifically, the majority of the information in this document comes directly from community members. Further, in the interest of protecting Indigenous peoples' rights to their own cultures, histories and intellectual property, we asked the community of Quitor to review the document and provide us with any comments, suggestions, questions and changes they had. After revising the case study based on that information, the Project for Indigenous Self-Determination only released this study after receiving final approval from the community of Quitor itself. We are truly grateful for the opportunity to learn more about the community of Quitor and for the honor of passing on their story.

Introduction

The Pukará of Quitor is a massive stone fortress constructed by the Atacameño (or Lickan Antay) people of the Atacama Desert. The structure is located approximately 120 kilometers west of where Argentina's, Bolivia's, and Chile's borders meet. The Pukará was built into the side of Quitor Hill, and from the top one can see kilometers and kilometers in every direction. And that is by design. The Pukará, originally built more than 800 years ago, was designed to protect the Atacameño people and their most precious resource—the San Pedro River Valley—from outside invaders.

In its first several hundred years of existence, the Pukará of Quitor was used to defend attacks from neighboring peoples, including the Incas. In the 1500s, after the Spanish made their way to present-day Chile, the Pukará was again utilized in an effort to protect the Atacameño people and way of life from disappearing. Although the Spanish ultimately won that war, the Atacameño people, and the Pukará itself, continue to survive.

The Pukará of Quitor

But as recently as the year 2000, the long-term survival of this valuable piece of Atacameño culture was in jeopardy. Since the 1980s, the San Pedro de Atacama area has seen dramatic changes. Once an isolated, small farming community comprised almost entirely of Atacameño families, the area has turned into one of Chile's largest tourist attractions, bringing into the area new infrastructure, new businesses, and most importantly, tens of thousands of tourists annually.

Although the Atacameño community of Quitor exists at the foot of the Pukará—just as their ancestral community had for hundreds of years—the community was originally ill-equipped to protect its cultural property from the scores of tourists that made their way to the site. Without anyone managing the site, the Pukará was being abused. People would vandalize the site—parties were frequently held within the ruins itself, no one able to stop them. Others would come and pretend they were amateur archaeologists—digging through the ruins to find a piece of Atacameño culture that they could steal and call their own.

Fortunately, just ten years later, the circumstances surrounding the Pukará are very different thanks to the people of Quitor, and their decision to proactively engage the challenges that arose in their own backyard. Today, the Atacameño community of Quitor manages the Pukará on their own. Over the past decade they have installed signs, walkways, and constructed multiple building—including a large visitor's center and kitchen built in the traditional Atacameño architectural style. The site employs four guides and an accountant. It receives more than 200 visitors per week from all over the world, and the money from those guests not only sustains the site itself and allows for improvements, but it is also sufficient to support certain cultural activities within the community as well.

In short, the Atacameño community of Quitor's management of the Pukará is a shining example of Indigenous self-determination in Chile. This case study seeks to shed light on how the transformation described above took place in such a short period of time. Specifically, this case study will provide some background information on the Atacameño community of Quitor and the surrounding region of San Pedro de Atacama. It will examine the problem that the community was confronted with—namely, the destruction of a very important piece of cultural property—and how they acted to solve that problem. It will look at how the community transformed the Pukará, little by little, into what it is today, as well as the opportunities and obstacles that remain as the community of Quitor continues to move forward with its vision for the site. Finally, this study will take a closer look at what lessons can be learned from the Pukará of Quitor that might be of use to other Indigenous communities—not just in Chile, but also across the globe.

Background

The Atacama Desert is located in northern Chile and has been the home of the Atacameño people for millennia. The Atacama Desert is located on a 1,000 kilometer-long plateau that lies between the Andes to the east and the Pacific Ocean to the west. In total, it is more than 100,000 square kilometers, made up of salares (salt flats), sand and volcanic rock. It is widely considered the driest desert on earth, receiving an average of one millimeter of rainfall annually. Despite these harsh conditions, the Atacameño people and their ancestors have continuously lived in the region for more than 12,000 years.

Initially, when the Atacameño people arrived in the region, they were nomadic hunters. At that time, they likely found an Atacama Desert with more rivers and lakes than it contains today, due to glacial melt from the end of the last ice age. Over the millennia, the Atacameño people transitioned into a very successful semi-sedentary population that utilized both hunting and seasonal gathering of foods from different altitudes. Approximately 3,000-4,000 years ago, the Atacameño people began creating permanent settlements that relied on farming (predominantly of maize) as well as pastoring of llamas in order to meet their needs. In addition to farming and raising llamas, the villages also engaged in substantial levels of trade—including trade based on the traditional mining of copper by the Atacameño people in the Atacama Desert. These settlements—similar to those of present-day Atacameño communities—almost completely relied upon water from one of the region's major rivers, such as the San Pedro or the Loa.

In order to protect their villages and the life-giving water supplies, the Atacameño people began constructing pukarás at different strategic points throughout their territory. A pukará is a very large stone fortress—usually built on a hill or other elevated point—that could be used by the Atacameño people to defend their families, homes, and resources. Construction of the pukarás began more than 800 years ago. Ultimately, they were used against a variety of outside invaders, most notably the Inca Empire (who ruled over the Atacameño people in the mid-1400s), as well as the Spanish Empire (who conquered the Atacameño people in the second half of the 1500s).

Today, although much has changed for the Atacameño people in the past few centuries, some things remain the same. Many Atacameño people continue to farm and herd animals as their ancestors used to do. Many of the Atacameño communities continue to exist near, or at, the locations that their ancestors lived hundreds and thousands of years ago. And the pukarás that stood centuries ago continue to stand.

One of these fortresses is the Pukará of Quitor, located near present-day San Pedro de Atacama. The Pukará of Quitor has stood for centuries and has long been a source of pride for the community that makes its home at the foot of the structure, the Atacameño community of Quitor. For hundreds of years, the Pukará has not only been their back yard, but also served as a constant reminder of who they are and who their ancestors were. But, for the fewer than 200 people who currently call Quitor their home, the continued existence of the Pukará itself was put in jeopardy when the mid-1980s brought a series of major changes to the San Pedro River Valley.

The Problem

As late as the 1970s, the Atacameño communities in the San Pedro de Atacama commune were very isolated from the rest of Chile and the world. As one community member stated: it used to be that if you said you were from San Pedro, everyone instantly knew you were Indigenous and, quite likely, you had just exposed yourself to racism. But, starting in the mid-1980s, the San Pedro River Valley slowly transformed from an isolated group of Atacameño communities into one of Chile's most important tourist destinations. This change brought visitors from all over the world with it.

While this transformation did not happen overnight, it was relatively fast—in less than 25 years, San Pedro de Atacama and the surrounding communities were being visited by tens of thousands of tourists annually. In addition, hundreds of non-Indigenous and foreign residents rushed to the area in order to build and operate the hostels, restaurants, tour agencies, and other business ventures necessary to support the area's booming tourist industry.

The sudden growth in the region brought with it many consequences—some good, some bad. For the Atacameño community of Quitor, it quickly became apparent that the arrival of more and more people to the area was having a detrimental impact on the ancient Pukará that overlooked their village. The people of Quitor were witnessing first-hand the literal destruction of a part of their culture as individuals would come to the site to loot, vandalize, and damage it. For hundreds of years the Pukará of Quitor stood to protect the nearby Atacameño communities, but if it was going to last much longer the descendants of those who constructed the stronghold would now need to take the actions necessary to protect the Pukará.

By the late 1990s, the Atacameño community of Quitor realized that if they didn't do something soon, an enormously valuable and important part of their history and culture would be lost. They knew that someone needed to protect the site and, ultimately, they took on that responsibility themselves. In order to implement their vision, however, the community of Quitor needed to overcome two obstacles: first, they needed to acquire the rights necessary to protect the site; and second, they needed to take steps to effectively protect the site.

The Initial Obstacles

Although the Atacameño community of Quitor was ready to try and protect the Pukará their ancestors built from further damage, they first had a legal hurdle to overcome. Though the Atacameño people had lived in the same region for more than 10,000 years and had constructed pukarás throughout the Atacama Desert hundreds of years before the Chilean State existed, the fact remained that, according to Chilean law, the community of Quitor did not own—and still does not own—the Pukará nor the land underneath it. Instead, the land is government-owned, under the control of the Ministerio de Bienes Nacionales (Ministry of National Assets). More specifically, the site is administered by the Consejo de Monumentos Nacionales (National Monument Council), which is a part of the Ministerio de Educación (Ministry of Education) and which is in charge of the protection, conservation and promotion of national monuments.

Although the Atacameño community of Quitor wanted the rights to their ancestral lands, they knew that if they did nothing until they secured absolute ownership of the site, then they would likely be waiting years or even decades while the Pukará would continue to deteriorate. Thus, the Quitor community approached the Consejo de Monumentos Nacionales—which at the time was administering the site—about their desire to protect the fortress. The Consejo—which did not have the financial resources nor the personnel to offer the type of protection that the Pukará needed—was very interested in Quitor's desire to care for the site. Ultimately, the community of Quitor was able to negotiate with the Ministerio de Bienes Nacionales for a concession to administer the Pukará. The concession was for a period of five years and is renewable indefinitely. The concession allows the community of Quitor to protect and promote the site as they see fit. The granting of this concession brought new responsibilities for the community of Quitor. According to the terms of the concession, the community has the exclusive responsibility over repair, conservation, improvement and operation costs.

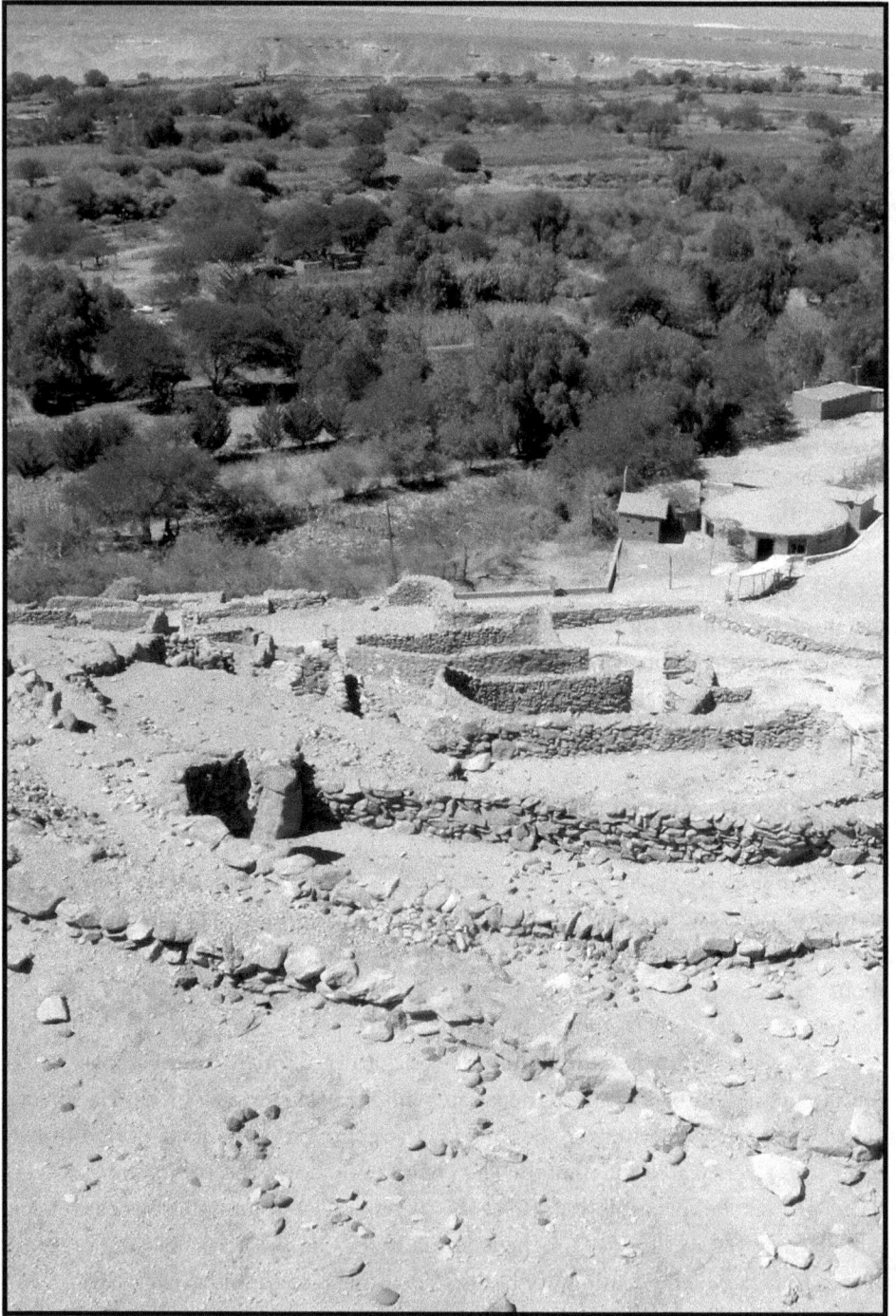

The Pukará of Quitor

This agreement did not happen by accident, but was the result of several important decisions made by the community of Quitor before they ever approached the Chilean government. One significant step that the community had already taken care of a few years earlier, was organizing in a manner that allowed them to implement their vision, but also in a manner that allowed the Chilean government to see that successful management was possible. Specifically, in this case, the Atacameño community of Quitor organized itself on October 17, 1994 under Chilean law. They created a governing structure that was comprised of elected directors. While it is true that the governance system Quitor put into place does not completely mirror traditional Atacameño understandings of how power should be dispersed, and that problems exist with the organizational structure they created, it is also true that by organizing, the people of Quitor put in place the foundation that would ultimately be necessary to manage and restore the Pukará. Organizing meant there was a clear way for the people of Quitor to voice their opinions, make decisions, and ultimately, carry out those decisions. The fact that the organizational structure was largely dictated by Chilean law means that it has its disadvantages, but it also means that the Chilean government is comfortable interacting with the organizational structure in a meaningful way. The Chilean government knew, for example, who to talk to and what authority each leader had with respect to the community.

One of the major drawbacks of the organization created under Chilean law is that the law required the elected Quitor leadership to completely change every two years. Changing leadership every two years can cause many problems, but one of the most serious is that it makes carrying out any long-term projects very difficult. For example, during the first five years of the agreement with the Ministerio de Bienes Nacionales, the Quitor community had three completely different councils trying to manage the Pukará, which meant that they potentially could have had three very different visions on the future of the site.

Fortunately, the community of Quitor was able to overcome this problem by relying on the community itself. The people of Quitor—through political pressure—have for more than a decade kept their leaders on task. As a community, plans for how to manage the Pukará are discussed and spelled out. And once long-term plans have been approved by the community assembly as a whole, the leaders are held accountable—specifically, the leadership must report to the community assembly regularly on how the management is going and whether things are on track with the communal vision or if that vision needs to be revisited. Thus, the community requires transparency from its leaders—that is, it requires the leaders to openly and honestly provide them with information so the entire group can make decisions about how to move forward.

In addition to having an organization that is able to implement decisions, another factor involved in reaching an agreement was the fact that the Atacameño community of Quitor's desire to protect the Pukará aligned with the Chilean government's interest in protecting the country's historical sites. Obviously, the rights and desires of Indigenous communities do not always mirror those of the national governments they find themselves under, but in this case the Quitor community was able to approach the Chilean government and offer to do something that Chile was in favor of, but simply wasn't getting done. In framing their request in this manner, the Quitor community was able to acquire the rights necessary to begin carrying out their vision, and in the process, the community has been able to increase the level of self-determination they are able to exercise.

Information Center

It is also noteworthy that the efforts of the community of Quitor took place in the context of a broader transformation in the area aimed at increasing the control and participation of Atacameño communities in the management and administration of various sites. The Corporación Nacional Forestal (CONAF—National Forestry Corporation) played a key role in this transformation, entering into agreements with several Atacameño communities for the co-administration of the Reserva Nacional Los Flamencos (National Flamenco Reserve). This new policy, which began implementation in the 1990s, meant that the community of Quitor, although not within the Reserva Nacional, had an ally, and an important source of technical assistance, in CONAF.

But getting the agreement was just the first step. After the Atacameño community of Quitor obtained the right to manage the Pukará from the Chilean government, they now had to figure out what steps they could take to actually protect the Pukará. This challenge was made more difficult because the community had very few resources and little-to-no experience managing a site like the Pukará of Quitor. Ultimately, however, the Quitor community was able to succeed because they built up their capacity to manage the site piece by piece, while always making certain to stick to the long-term goal.

The Quitor community knew that whatever step they took first, it needed to demonstrate that the site was being protected and that vandalism and looting were no longer going to be tolerated. They also knew that their long-term vision was going to require funding and human resources, as they not only wanted to restore the site, but, ultimately, make it a place where tourists could come to learn about and experience Atacameño culture as well. To get things started, the community approached the Corporación Nacional Forestal (CONAF, the Chilean Government's forestry service which also oversees national parks and reserves), and applied for and received a small amount of funding to begin their work. With this funding in hand, the community was able to pay a single guide a modest wage for approximately six months. The community decided to hire a man from their village and with that hiring, the management of the Pukará began in earnest.

The guide's very first day brought new challenges. To begin with, there was no building at the entrance to the site. In fact, there wasn't even a table to sit behind. But the newly-hired guide didn't let that stop the project. He found a solution that would work with what was available. Specifically, he found an old door that wasn't being used, brought it to the site, set it down on top of a rock, and then sat behind it and started collecting entrance fees.

In addition to the relatively simple problem of creating a makeshift table, other new problems arose day after day. One example of a common problem came from the tour companies in the area. For years, the local tour companies had been bringing visitors to the Pukará for free and without anyone managing the site. As such, many tourist companies refused to pay the new fee, or they would pay but then disregard the rules at the site—for instance, the rule against removing anything from the Pukará. But with each new dilemma, the Quitor community would learn a new lesson, and then channel what they had learned into formulating concrete solutions.

In short, the Quitor community was proactively exercising its right to self-determination with respect to the Pukará, and they were learning and building their capacity to manage the site as they went along.

The Pukará of Quitor

Growing Little by Little

After the Atacameño community of Quitor overcame the initial hurdles of obtaining the right to manage the Pukará and putting into place a strategy to mange it, new possibilities began to emerge. The decision to collect a modest fee was the first step in the community's plan to better protect the site and, ultimately, to make it a unique place where outsiders could learn about Atacameño culture and history. The money collected allowed the community to continue to pay the guide they had hired, and by saving the excess funds, the community was able to begin developing the site little by little.

One of the community's first decisions was to funnel the additional money they had acquired back into the site. A small, stone structure was constructed early on at the entrance to the Pukará, which served as an administration building and visitor's center. Members of the community used their own skills to complete this task. After finishing it, the community realized that the site needed additional improvements if it was going to appeal to tourists, and of primary importance were bathrooms. So, drawing again on the skills of individuals from within the community, bathrooms were put on the site. And as the facilities and quality of the site slowly improved, more and more visitors started to come, and the community began earning additional money that would be used to protect the Pukará.

Over the next few years, the Quitor community took on several larger projects to improve the site. Some were funded entirely by the profits obtained from admission fees, while others included partial funding from government or private grants that the community went out and found. One of the largest projects taken on by the community was the construction of a large, round visitor's center—one built in the traditional Atacameño architectural style. The idea to build a traditional structure came from the nearby Atacameño community of Coyo, which had built similar structures on their own land, namely the visitor's center at the Aldea de Tulor archaeological site. Armed with the experiences of their neighboring community and some funding from the Chilean government, the building commenced. Approximately one-third of the entire village of Quitor came out to lend a hand on the first day of construction. Additionally, the community had also hired three construction workers from outside the community to ensure that the building was finished properly and safely.

In addition to the new visitor's center, the Quitor community followed a similar process of utilizing funding generated from the site and assistance from the community itself to complete a variety of other projects. Some examples include: putting paths throughout the Pukará; adding descriptive signs that highlight the historical and cultural significance of the Pukará throughout the site; constructing a museum complete with artifacts and information about the Atacameño people; and building a first-aid structure.

The community has, however, done much more than merely improve the infrastructure at the site. They've also improved the services they are able to offer visitors.

For instance, they've slowly increased the number of guides working at the Pukará to four. And those guides have received training on a variety of topics including customer service, administration, basic archaeology of the site, as well as CPR and first-aid.

In the span of a decade, the Pukará of Quitor went from being a site that was both unmanaged, and regularly vandalized and looted, to a site where approximately 1,000 visitors come every month to learn about the Pukará, and Atacameño culture in a manner that will allow future generations to do the same. That said, the real value of what has happened at the Pukará for the Atacameño community of Quitor cannot be measured in numbers of visitors or dollars.

Artifact in the Museum

The Results of Self-Determination in Action

The benefits obtained by the Quitor community since taking over management of the Pukará cannot be overstated. First and foremost, the community has successfully stopped the pattern of disrespect and destruction that was occurring at the Pukará. They now successfully protect the Pukará from vandalism and are in the ongoing process of restoring the site and finding better ways to care for it so that it may continue to exist for centuries to come.

In addition to protecting their own history and culture, the community of Quitor has created something they never initially intended—a high-quality tourist attraction that allows the Atacameño people to share their history and culture. In its first year of operation, the Pukará of Quitor had less than 300 visitors. Currently, the site gets more than 10,000 visitors annually—visitors who are learning about the Pukará, the region, and the Atacameño people.

Those visitors are doing something else beneficial for the Quitor community when they come to see the site—they are helping the community generate the income necessary to carry out a number of goals. The money generated makes the management and protection of the Pukará possible. The Pukará of Quitor is a self-sustaining site, meaning that no outside funding (from government or private grants) is necessary for its continued existence. The money raised through admission fees pays for the upkeep of the Pukará and the buildings on the site. It also covers the salaries of the four guides as well as an accountant who, collectively, take care of all the day-to-day management and administration associated with the Pukará.

Any additional funds generated from admission fees are either channeled back into making further improvements to the site itself (such as the construction of the visitor's center or the first-aid building), or are used to fund a variety of community projects. This additional income allows the community to provide services they otherwise would not be able to. For instance, the community of Quitor uses some of the funds to transport its elderly members into bigger towns, such as nearby Calama, to receive needed medical treatment.

In addition, other revenues from the Pukará are actually used to help preserve existing cultural practices. For example, Quitor uses some of its profits to fund its community celebrations, which include spending money to purchase and prepare traditional foods and to purchase traditional musical instruments. These cultural celebrations are attended by the entire community and are an important way that culture gets passed down to younger generations.

And as you can imagine, the younger generations are important to Quitor, as they are to all societies. They are the future. And at Quitor, the community leaders have noticed that since taking over the Pukará, the youth—who used to move away for school and job opportunities—are slowly beginning to return. Community leaders credit an increasing number of jobs available in the area (largely related to tourism) as a primary reason for some youth returning home. The arrival of more young people who have lived outside the community brings a new set of challenges to Quitor, but they are challenges the community is happy to confront because only a short time ago their youth were moving away and never returning.

A final benefit for the Quitor community that has come about from managing the Pukará is an increased sense of pride among the community's members. The successful management of the site would not have been possible without the entire community's consistent efforts and support. And the community of Quitor rightfully takes pride in the fact that they are doing a good job managing the site. The members of Quitor will also tell you that it is important to continue competently protecting the Pukará—not only because it is a part of their history and culture, but also because doing so will help convince the Chilean government to trust Quitor (and other Indigenous communities) with more control over their own lands and culture. The community operates with the belief that if they do a poor job, it will hurt other sites, but if they excel with what has been entrusted to them, the opportunities for all Indigenous communities to exercise power will increase.

Looking Forward

Although the Atacameño community of Quitor's management of the Pukará is already a meaningful example of Indigenous self-determination in action, the fact remains that what the community has already accomplished is—in their own words—just the beginning. The community already has plans to further improve the paths and signs throughout the ancient fortress, including putting into place an elevated path that will not only give visitors a better view of the structure, but will also better protect it from erosion and damage. There are also plans to improve the entrance to the site and make it more accessible to the elderly and those with disabilities. The community has already taken steps to put in place a small restaurant that would sell traditional Atacameño foods, a move that would both generate additional income and create more jobs for the community. And in addition to the few examples mentioned here, the community has numerous other visions and plans for the future.

Perhaps the most important goal the community has as it goes forward is obtaining the land rights to the site itself. This has long been the desire of the Quitor community, which is not surprising given that the community's ancestors constructed the fortress and have been living on the land in question since time immemorial. The community realizes that successfully managing the Pukará for over a decade can only help make their goal a reality. Successful management has not only demonstrated to the Chilean government the community's ability to care for the land, but has also strengthened the community's own capacities in several key areas. Since taking over the site, the Quitor community has improved its abilities to organize, to plan, to strategize, and to execute decisions—all of which are vital in successfully making any land rights claim. The community plans to draw from all of its experiences with the Pukará as it works to transform its goals into realities.

Conclusion and Lessons

At its most basic level, self-determination is having control over those decisions that affect one's self and one's community. The Atacameño community of Quitor's decision to protect the Pukará, and the series of actions they took to turn that decision into a reality *is* self-determination in action. There is, of course, more work to do— not only to maintain what has been accomplished at Quitor, but also to expand the amount of control and self-determination the community can exercise. That said, the Quitor community has already made a lot of positive decisions and will continue to build on those steps as they move forward.

Finally, while it is impossible to pinpoint precisely all of the reasons for the Quitor community's success, there are some basic lessons that can be taken from their experiences which can be of value to other Indigenous communities on their paths towards increased self-determination:

- *Organization is important.* The example of the Pukará of Quitor demonstrates the importance of organization. First and foremost, the Quitor community had to be organized in order to make the decision to approach the Chilean government and convince them to allow management of the site. They also had to be organized well-enough to be able to carry out a long-term project and to deal with new obstacles and challenges as they arose.

- *Strategic planning matters.* The community of Quitor had to think and plan long-term in order to make their vision a reality because managing the Pukará is a project that will never end. Thus, in order to successfully manage the site, they had to put mechanisms in place to allow for a long-term plan to be executed even when their own organization's leaders changed every two years.

- *Building capacity step-by-step is a strategy that can work.* Although it may have been simpler for Quitor if someone had simply given them the land rights to the Pukará and a large sum of money to build up the site and manage it as they saw fit, realistically that was not much of an option. So, the community of Quitor made use of what was available to them. They first got a five-year concession and a small amount of money and combined that with the vision and determination of the community members to slowly build up the site. Each step of the way, the community learned lessons and improved its capacity to handle bigger challenges and to accomplish larger goals.

The Pukará of Quitor

El Pukará de Quitor

Un Caso Práctico de la Libre Determinación Indígena

El Proyecto para la Libre Determinación quiere agradecer a la Comunidad Atacameña de Quitor por su voluntad en permitirnos a documentar su experiencia y también por su apoyo en la redacción de este documento. El presente caso práctico no hubiera sido posible sin las contribuciones hechas por la Comunidad. Específicamente, la mayoría de la información incluida en el caso fue contribuida por los miembros de la comunidad. Además, en el interés de proteger el derecho de los pueblos indígenas de controlar sus propias culturas, historias y propiedad intelectual, el Proyecto para la Libre Determinación Indígena solicitó a la Comunidad de Quitor que sus miembros revisaran el documento y que nos informaran sobre sus comentarios, sugerencias, preguntas y cambios. Después de incorporar las revisiones sugeridas por la Comunidad, el Proyecto para la Libre Determinación Indígena lanzó este documento solo después de haber recibido la aprobación de la Comunidad sobre la versión final. Agradecemos mucho a la Comunidad de Quitor por la oportunidad de aprender de ellos y por el honor de compartir parte de su historia.

Introducción

El Pukará de Quitor es una fortaleza de piedra maciza que fue construida en el Desierto de Atacama por el Pueblo Atacameño (Likan-antay). Se ubica aproximadamente unos 120 kilómetros al poniente de la intersección de las fronteras internacionales de Argentina, Bolivia y Chile. El Pukará está empotrado en un cerro de su mismo nombre, el cerro Quitor, y desde su cima se puede ver por kilómetros en cada dirección. Esta característica fue intencional. El Pukará, construido hace más de 800 años, fue diseñado para protegerse contra posibles invasores y resguardar uno de los recursos más preciosos para el Pueblo Atacameño: el valle del Río San Pedro.

En los primeros siglos de su existencia, el Pukará de Quitor fue utilizado para la defensa contra los ataques de pueblos vecinos, entre ellos los Incas. En el siglo XVI, después de la llegada del imperio español al territorio conocido hoy en día como Chile, el Pukará fue utilizado nuevamente para proteger al Pueblo Atacameño y su modo de vivir. Aunque el imperio español finalmente lograría conquistar el territorio, ello no impidió que el Pueblo Atacameño y el Pukará se conservaran hasta hoy día.

El Pukará de Quitor

Sin embargo, desde finales de los años 90' y principios del nuevo milenio, la conservación de esta muestra importante de la historia y cultura Atacameña ha empezado a verse amenazada. En las últimas décadas del siglo XX, la zona de San Pedro de Atacama ha experimentado cambios profundos. Lo que en otra época era una zona principalmente campesina compuesta casi exclusivamente por familias Atacameñas, desde los años 80', se ha convertido en una de las zonas turísticas más visitadas en Chile, transformación que ha significado nueva infraestructura, nuevas empresas y, tal vez lo más impactante, decenas de miles de turistas cada año.

Aunque la comunidad Atacameña de Quitor — tal como en sus antepasados — estaba asentada a la base del cerro Quitor, cuando se inició este proceso de transformación, estaba mal preparada para proteger su patrimonio contra el turismo masivo que llegó al lugar. Sin tener instalado ningún plan de manejo del sitio, el Pukará comenzó a ser maltratado. Algunas personas empezaron a destrozar el sitio, dando fiestas y tomando alcohol dentro de la antigua estructura y no había nadie con la autoridad ni la capacidad de prevenirlo. Luego llegaron otros fingiendo el rol de arqueólogos amateurs y excavaron las ruinas buscando artefactos de la cultura Atacameña, robándolos para guardarlos como suyos.

Afortunadamente, en un período de solo diez años, las circunstancias que rodean el Pukará cambiaron para mejor, gracias a la gente de Quitor y su decisión de tomar acciones para enfrentar los desafíos que habían emergido dentro de su propia comunidad. Hoy día, es la propia comunidad Atacameña de Quitor quien administra y maneja el Pukará. Durante el transcurso de la última década han instalado señalética y construido varios senderos y estructuras, incluso un centro de visitantes equipado con una cocina y diseñado según el estilo de arquitectura tradicional Atacameño. El sitio emplea cuatro guías y un contador. Recibe cada semana a unos 200 visitantes provenientes de cada rincón del mundo y los ingresos recibidos de éstos no solamente sustentan el sitio mismo y varias mejoras, sino también apoyan actividades culturales en la comunidad.

El manejo del Pukará por parte de la comunidad Atacameña de Quitor es una muestra de libre determinación indígena en Chile. Este documento busca iluminar cómo ocurrió esta transformación en tan poco tiempo. Específicamente, ofrece algunos antecedentes breves sobre la comunidad Atacameña de Quitor y el área circundante, el pueblo de San Pedro de Atacama. Examina el problema que la comunidad enfrentó —la destrucción de una muestra importante de su patrimonio— y cómo ésta respondió para resolverlo. Describe cómo la comunidad ha trabajado, poco a poco, para transformar al Pukará en lo que es hoy día, así como las oportunidades y obstáculos que quedan para la comunidad de Quitor mientras que sigue avanzando hacia su visión para el sitio. Finalmente, este documento explora algunos aprendizajes que se pueden obtener de la experiencia del Pukará de Quitor y que tal vez puedan ser beneficiosos para otras comunidades Indígenas — no solamente en Chile, sino de todo el mundo.

Antecedentes

El Desierto de Atacama, ubicado en el norte de Chile ha sido la tierra natal del pueblo Atacameño por milenios. El desierto se extiende sobre una meseta de aproximadamente 1.000 kilómetros de largo desde la cordillera de los Andes en el oriente hasta el océano Pacífico en el poniente. En total, cubre más de 100.000 kilómetros cuadrados en una zona llena de salares, arena y piedra volcánica. Se considera el desierto más árido del mundo, recibiendo un promedio de un milímetro de lluvia por año. A pesar de las extremas condiciones, el pueblo Atacameño ha residido en el desierto por más que 12.000 años sin interrupción.

Al momento de llegar a la región, el pueblo Atacameño era una civilización nómada dedicada a la caza. Probablemente, los primeros habitantes del Desierto de Atacama lo encontraron con más ríos y lagos en comparación con el paisaje que se aprecia hoy día, debido al derrumbe glacial de la última edad de hielo. Durante el paso de los milenios, el pueblo Atacameño experimentó una transición a un modo de vida semi-sedentaria donde no solamente practicaban la caza, sino también la recolección, según la estación, de alimentos de las distintas altitudes de la cordillera y sus valles. Hace aproximadamente 3.000 – 4.000 años atrás, el pueblo Atacameño empezó a establecer asentamientos permanentes que dependían de la agricultura y el pastoreo de llamas. Además de estas actividades de subsistencia, también se dedicaban al comercio con pueblos vecinos, incluso el intercambio de cobre producido por las actividades mineras del pueblo Atacameño. Estos asentamientos antiguos, como las comunidades actuales, dependían del agua de los principales ríos de la región, como son, por ejemplo, los ríos San Pedro y Loa.

Para poder proteger sus asentamientos y el agua que sustentaba a su gente, el pueblo Atacameño empezó a construir pukarás en varios lugares estratégicos de su territorio. Un pukará es una fortaleza de piedra, normalmente construida en la elevación de un cerro, que el pueblo Atacameño utilizaba para la defensa de sus familias, hogares y recursos. La construcción de los pukarás se inició hace más que 800 años y fueron claves en la defensa contra varios invasores, incluso el Imperio Inca (que ejerció control sobre la región durante el siglo XV) y el Imperio Español (que conquistó a los Atacameños durante la segunda mitad del siglo XVI).

Aunque mucho ha cambiado para el pueblo Atacameño en los últimos siglos, algunas cosas han persistido hasta hoy día. Muchos Atacameños siguen practicando la agricultura y el pastoreo como lo hicieron sus antepasados. Muchas de las comunidades siguen existiendo cerca de, o en el mismo sitio, donde vivieron sus antepasados hace cientos y miles de años atrás. Y los pukarás levantados hace siglos siguen en pie.

Una de estas fortalezas es el Pukará de Quitor, ubicado cerca del poblado actual San Pedro de Atacama. El Pukará de Quitor ha existido por siglos y siempre ha sido una fuente de orgullo para la comunidad asentada a su base, la comunidad Atacameña de Quitor. Por cientos de años, el Pukará ha sido el foco central de la visión que tiene la comunidad y ha servido como un recuerdo constante de dónde vienen, quiénes eran, y quiénes son hoy día. Sin embargo, para las 200 personas que actualmente residen en la comunidad de Quitor, la existencia del Pukará fue puesta en peligro en los años 80' cuando, en la valle del Río San Pedro, se inició una serie de cambios profundos cuyos impactos siguen hasta el día de hoy.

El Problema

Hasta la década de los 70' las comunidades Atacameñas de la comuna de San Pedro de Atacama vivían muy aisladas del resto de Chile y del mundo. Como explicó un comunero: solía ser el caso que si uno decía que era de San Pedro, inmediatamente todos asumían que era indígena, y probablemente se hubiera sometido al racismo y la discriminación. Pero, a mediados de los años 80', el valle del Río San Pedro empezó transformarse poco a poco, convirtiéndose de un grupo aislado de comunidades Atacameñas a uno de los destinos turísticos más importantes en Chile. El cambio significó la llegada de miles de visitantes de todas partes del mundo.

Aunque no fue una transformación de un día a otro, sí ocurrió de manera relativamente rápida—en menos de 25 años, la cantidad de turistas que actualmente llegan a San Pedro de Atacama y las comunidades Atacameñas circundantes cada año ha alcanzado varias decenas de miles. Además de los visitantes, llegó una gran cantidad de nuevos residentes no indígenas y—frecuentemente—extranjeros para aprovechar la explosión del turismo, estableciendo hostales, restaurantes, agencias de turismo y otras empresas que complementan el rubro del turismo.

El crecimiento rápido en la región tuvo varias consecuencias, algunas buenas y otras malas. Para la comunidad Atacameña de Quitor, se hizo evidente que la llegada de estas personas tuvo un impacto negativo en el antiguo Pukará que se alzaba sobre su comunidad. Los residentes de Quitor fueron testigos de la destrucción de una muestra de su cultura e historia, viendo a los individuos que llegaron al sitio para robarlo, destrozarlo y dañarlo. Por siglos, el Pukará de Quitor había protegido a las comunidades Atacameñas circundantes, pero su propia supervivencia ahora dependía de los descendientes de quienes lo habían construido y su capacidad de tomar las medidas necesarias para proteger el Pukará.

A finales de los años 90', la comunidad Atacameña de Quitor se dio cuenta de que si no actuaban —y rápidamente— se perdería una parte importante y preciosa de su cultura y su historia. Reconocían que alguien tenía que proteger el sitio y, finalmente la propia comunidad de Quitor asumió esa responsabilidad. Pero, para realizar su visión de protección, la comunidad de Quitor tuvo que superar varios obstáculos: primero, era necesario conseguir el derecho legal de proteger el sitio y, segundo, tenían que identificar y tomar las medidas que serían efectivas para la protección del sitio—algo más fácil de decir que de realizar.

Los Primeros Obstáculos

Aunque la comunidad Atacameña de Quitor tenía el interés y el deseo genuino en proteger el Pukará, primero era necesario superar un obstáculo legal. A pesar de que el pueblo Atacameño había habitado la misma región por más que 10.000 años y había construido una serie de Pukarás por todo el Desierto de Atacama cientos de años antes de la llegada de los españoles y antes de la formación del estado chileno, bajo la ley chilena, la comunidad de Quitor no era —y todavía no es— propietaria del Pukará ni del terreno debajo de ella. El Pukará y la tierra sobre la cual está construido es propiedad fiscal, bajo el control del Ministerio de Bienes Nacionales. Más específicamente, el sitio está administrado por el Consejo de Monumentos Nacionales, un órgano estatal bajo la dirección del Ministerio de Educación a cargo de la protección, conservación y promoción de sitios declarados monumentos nacionales.

Si bien la comunidad Atacameña de Quitor aspiraba a tener el derecho de propiedad sobre sus tierras ancestrales, también reconocían que resolver su demanda territorial podría demorar años y hasta décadas y que si esperaban que ello se resolviera para tomar acción, continuaría en el entretanto la deterioración del Pukará. Entonces, la comunidad de Quitor se acercó al Consejo de Monumentos Nacionales, que en ese momento administraba el Pukará, para expresar su deseo de proteger la fortaleza. El Consejo, al no contar con los recursos económicos ni la suficiente dotación de personal para ofrecer el nivel de protección que necesitaba el Pukará, se interesó en la propuesta y la iniciativa de la comunidad de Quitor. Finalmente, la Comunidad logró negociar una concesión de uso gratuito con el Ministerio de Bienes Nacionales para la administración del Pukará. La concesión se otorgó por un plazo de cinco años renovables y otorga a la comunidad de Quitor el derecho de administrar el sitio a fin de lograr su protección efectiva y obtener ingresos económicos. El otorgamiento de la concesión también conllevó nuevas responsabilidades para la Comunidad de Quitor. Según sus términos, la Comunidad tiene la responsabilidad exclusiva sobre los gastos de reparación, conservación, ejecución de obras y operación.

El Pukará de Quitor

La comunidad de Quitor no logró el acuerdo por casualidad, sino como el resultado de una serie de decisiones importantes que tomaron antes de acercarse al gobierno. Uno de los pasos significativos que tomó la comunidad fue organizarse de manera que le permitiera perseguir su visión, para, de esta manera, convencer al gobierno chileno que su manejo del Pukará no solamente sería posible, sino exitoso. En este caso específico, la comunidad Atacameña de Quitor se organizó como una comunidad indígena bajo la ley chilena el 17 de octubre de 1994. Establecieron una estructura gubernamental, encabezada por un directivo elegido. Aunque el sistema gubernamental que instalaron en la comunidad no refleja perfectamente las estructuras Atacameñas tradicionales y sufre de algunas deficiencias, también hay que reconocer que por haberse organizado, la comunidad de Quitor tomó el primer paso para poder manejar y restaurar el Pukará. Tener una organización significó que, para la comunidad de Quitor, era posible expresar sus opiniones, tomar decisiones y, finalmente, implementar aquellas decisiones de forma colectiva. El hecho que la estructura organizacional fuera dictada bajo la ley chilena conlleva algunas deficiencias, pero también significa que el gobierno chileno se siente cómodo al interactuar con la organización. Así, por ejemplo, queda establecido quien es el interlocutor válido y cuál es la autoridad respectiva de cada dirigente dentro de la comunidad.

Una de las principales desventajas de la forma de organización obligatoria de la ley chilena es que cada dos años la directiva de la comunidad de Quitor debe ser cambiada en su totalidad. Este turno de solo dos años puede contribuir a varios problemas, principalmente la falta de estabilidad, algo que hace más difícil la ejecución de planes y proyectos de largo plazo. Por ejemplo, durante los primeros cinco años de vigencia del acuerdo con el Ministerio de Bienes Nacionales, la comunidad de Quitor experimentó el cambio de su directiva tres veces, con cada directiva tratando de manejar el Pukará según su propia estimación de las necesidades y su propia visión del futuro del sitio.

Afortunadamente, la comunidad de Quitor podía depender de su asamblea, compuesta por todos los miembros de la comunidad, para superar este desafío. Por más que una década, los comuneros de Quitor han asumido la responsabilidad de asegurar — mediante la presión política — que sus dirigentes se mantengan enfocados. Los planes para el manejo del Pukará se debaten y se definen por la comunidad entera. Y una vez que están establecidos y aprobados por la asamblea de la comunidad, ésta impone a sus dirigentes elegidos la responsabilidad de su implementación. Para cumplir con su mandato, los dirigentes tienen que informar con regularidad a la asamblea sobre el manejo del sitio y cómo las actividades realizadas están de acuerdo o no con la visión de la comunidad, justificando disconformidades y explicando, en su caso, la necesidad de re-definir la visión. Entonces, la comunidad demanda de sus dirigentes la transparencia, obligándoles a proporcionar información completa y honesta para que la comunidad pueda tomar las decisiones necesarias para seguir avanzando.

Además de tener una organización capaz de tomar e implementar decisiones, otro factor importante en conseguir la concesión de uso gratuito fue el hecho de que había una confluencia de intereses entre comunidad y gobierno: la misión de protección que expresó la comunidad Atacameña de Quitor se alineaba con el objetivo del gobierno de Chile de proteger los sitios patrimoniales del país. Obviamente, los intereses indígenas y estatales no coinciden siempre, pero en este caso, la comunidad de Quitor se acercó al gobierno de Chile con la oferta de hacer algo que al gobierno le interesaba hacer pero no podía. Al proponer algo que estaba alineado con los intereses del gobierno, la comunidad de Quitor adquirió los derechos necesarios para poner en marcha su plan de conservación y, como parte del proceso, aumentó su grado de libre determinación.

Centro de Información

También es notable que los esfuerzos de la comunidad de Quitor fueran parte de una transformación general en la zona de aumentar el control y participación de las comunidades Atacameñas en el manejo y administración de varios sitios patrimoniales. La Corporación Nacional Forestal (CONAF) jugó un rol clave en esta transformación, entrando en acuerdos con varias comunidades Atacameñas para la co-administración de la Reserva Nacional Los Flamencos. Esta nueva política, que se impulsó a mediados de los años 90', significaba que la comunidad de Quitor, pese a no encontrarse al interior de la Reserva Nacional, tenía una alianza y una fuente importante de apoyo técnico en la CONAF.

Sin embargo, firmar un acuerdo con el gobierno solo fue el primer paso. Después de obtener el derecho de manejar el Pukará, la comunidad Atacameña de Quitor tenía que definir los pasos a seguir para realmente protegerlo y poner en marcha la concesión. Este proceso se hizo más difícil por el hecho que la comunidad en esos momentos contaba con muy pocos recursos y tenía muy poca experiencia relevante al manejo de un sitio como el Pukará de Quitor. Poco a poco, la comunidad de Quitor logró aumentar sus capacidades, pero siempre manteniendo el enfoque en sus visiones de largo plazo.

La comunidad sabía que, con su primer paso, tenía que demostrar que el sitio ahora estaba bajo protección y que no tolerarían el vandalismo ni el saqueo. Pero también estaban conscientes que necesitaban financiamiento y mano de obra para lograr sus objetivos de largo plazo porque no querían simplemente restaurar el sitio sino también convertirlo en un lugar donde los visitantes pudieran experimentar y aprender sobre la cultura Atacameña. Entonces, la comunidad se acercó a la CONAF para solicitar — y finalmente obtener — un monto modesto de financiamiento para iniciar sus trabajos. Con estos recursos, la comunidad podía pagar un sueldo pequeño de seis meses para un solo guía. Emplearon a alguien de la comunidad, y con éste, el manejo del Pukará empezó en serio.

Para el nuevo guía, el primer día de trabajo conllevó nuevos desafíos. En sus inicios, el sitio no contaba con ninguna infraestructura, no existía ningún edificio en la entrada al sitio, y de hecho, ni siquiera había una mesa en la cual instalarse. Pero el guía recién empleado persistió e inventó una solución con los recursos disponibles. Encontró una puerta vieja, la llevó al sitio, la puso sobre una piedra y se instaló en ella para colectar las entradas de los visitantes.

Además del problema básico de tener que usar una mesa improvisada, cada nuevo día surgían otros desafíos. Uno de estos fue con las agencias de turismo que operan en el área. Por años, estas agencias habían venido al sitio con grupos de turistas sin tener que incurrir en el costo de una entrada, sin encontrar un guía manejándolo y sin tener que cumplir con normas de comportamiento. Cuando la comunidad revirtió esta situación, algunas de las agencias se resistieron, rechazando el pago de entrada o desconociendo las nuevas normas de comportamiento — normas que, por ejemplo, prohíben el saqueo de artefactos. Pero la comunidad de Quitor aprendió de cada dilema y utilizó estos aprendizajes para formular soluciones concretas.

En breve, la comunidad de Quitor estaba ejerciendo activamente su derecho a la libre determinación respecto del Pukará y a la vez estaba aprendiendo y aumentando su capacidad para manejar el sitio.

El Pukará de Quitor

Crecimiento Paulatino

Luego de que la comunidad de Quitor superara los obstáculos iniciales de obtener la concesión para el manejo del Pukará y de definir su estrategia para hacerlo, comenzaron a surgir nuevas posibilidades. La decisión de cobrar una entrada modesta de los visitantes fue parte del plan de mejorar la protección del sitio y de convertirlo en un lugar donde los visitantes pudieran aprender sobre la historia y cultura Atacameña.

Con los ingresos, la comunidad tenía los recursos necesarios para seguir pagando el sueldo del guía ya contratado y ahorró los fondos restantes para poder desarrollar el sitio poco a poco.

Una de las primeras decisiones que tomó la comunidad fue reinvertir en el sitio los fondos ganados de las entradas. Estos fondos, en combinación con proyectos solicitados de varios órganos del gobierno, hicieron posible el desarrollo del sitio. Durante los años iniciales de administración del Pukará, se construyó una pequeña caseta de piedra a la entrada del sitio, la cual alojaba las oficinas de administración y el centro de información para los visitantes. Los miembros de la comunidad donaron sus propias habilidades y mano de obra para su construcción. Tras estas obras iniciales, la comunidad observó que para ser más atractivo a los turistas, el sitio también necesitaba algunas otras comodidades, principalmente la instalación de baños, los que se construyeron nuevamente utilizando el conocimiento y las habilidades de los comuneros. Y con la instalación de nuevos servicios y el mejoramiento paulatino y general del sitio, llegaron más visitantes, generando más recursos para la protección y puesta en valor del Pukará.

A lo largo de los años siguientes, la comunidad de Quitor iniciaba varios proyectos para mejorar el sitio. Algunos de ellos fueron posibles con las ganancias de los ingresos mientras que otros requerían que la comunidad solicitara financiamiento del gobierno o de varias organizaciones privadas. Uno de los proyectos más grandes realizado por la comunidad fue la construcción del nuevo centro de información, una estructura redonda construida según el estilo arquitectónico tradicional Atacameño. Esta idea de utilizar las formas tradicionales de construcción fue motivada por una comunidad vecina, la comunidad Atacameña de Coyo, la cual también había construido un centro de información al estilo tradicional Atacameño para la Aldea de Tulor, un sitio arqueológico administrado por esa comunidad. Beneficiándose de la experiencia de la comunidad de Coyo, y con algunos fondos del gobierno chileno, empezó su construcción en la base del Pukará. Aproximadamente un tercio de los miembros de la comunidad de Quitor llegaron al Pukará para participar en el primer día de construcción. La comunidad también empleó a tres contratistas externos a la comunidad para asegurar el cumplimiento del trabajo.

Además del nuevo centro de visitantes, la comunidad de Quitor repetía este mismo proceso de complementar los fondos generados por el sitio con la mano de obra de los comuneros para completar varios otros proyectos. Algunos ejemplos son los senderos que pasan por el Pukará; la señalética informativa donde se destaca la importancia cultural e histórica de éste; la construcción de un museo que cuenta con artefactos e información sobre el pueblo Atacameño y la comunidad de Quitor específicamente; y la construcción de un centro de primeros auxilios.

Además de las mejoras físicas hechas en el sitio, la comunidad de Quitor también ha mejorado los servicios ofrecidos a los visitantes. Por ejemplo, se aumentó a cuatro el número de guías que trabaja en el lugar y ahora estos guías son capacitados en una variedad de temas, incluso atención al cliente, administración, arqueología, CPR y primeros auxilios.

En una sola década, el Pukará de Quitor se transformó de ser un sitio no manejado y afectado por el vandalismo y saqueo, a ser un sitio al cual llegan cerca de 1.000 visitantes cada mes para aprender sobre el Pukará y la cultura Atacameña, asegurando que las futuras generaciones puedan también gozar de la misma oportunidad. Es por eso que para la comunidad Atacameña de Quitor, la importancia real de la experiencia de manejar el Pukará de Quitor no se puede medir sólo económicamente.

Artefacto en el Museo

Los Resultados de La Libre Determinación en La Práctica

No se pueden exagerar los beneficios que la comunidad de Quitor ha conseguido desde que asumió la responsabilidad sobre el manejo del Pukará. En primer lugar, la comunidad logró detener el patrón de destrucción de la antigua estructura y la falta de respeto por su importancia. Hoy día, los miembros de la comunidad protegen el Pukará contra el vandalismo y están en el proceso de restaurar el sitio y crear estrategias cada vez mejores para cuidarlo y asegurar su conservación para las futuras generaciones de su pueblo.

Además de proteger su propia historia y cultura, la comunidad de Quitor también ha logrado algo que no fue parte de su misión original: la creación de un atractivo turístico de calidad donde el pueblo Atacameño puede compartir su historia y cultura. En su primer año de operación, la comunidad recibió en el sitio alrededor de 300 visitantes. Actualmente, el Pukará recibe alrededor de 10.000 visitantes por año, quienes aprenden sobre éste, la región y el pueblo Atacameño.

Estos visitantes también ofrecen a la comunidad de Quitor otro beneficio cuando visitan el Pukará: con el pago de la entrada, están generando recursos económicos que hacen posible el manejo y protección del Pukará y permiten a la comunidad avanzar con varios de sus objetivos. Con estos ingresos, el Pukará de Quitor es un sitio auto-sostenido, es decir, no requiere el financiamiento de terceros (por ejemplo del gobierno chileno u organizaciones privadas) para su mantención. Los ingresos son suficientes para mantener el propio Pukará, las estructuras construidas en su base y los sueldos de los cuatro guías y el contador, quienes conjuntamente atienden el manejo y administración día a día.

Algunos de los fondos que quedan después de cubrir los costos básicos antes descritos son reinvertidos en el sitio para su mejoramiento (por ejemplo, la construcción de un nuevo edificio), y otros son destinados a proyectos en la comunidad y la oferta de ciertos servicios a los comuneros. Por ejemplo, en la comunidad de Quitor un monto de dinero está destinado a ofrecer un servicio de transporte a los adultos mayores de la comunidad para que puedan viajar a la ciudad más cercana, Calama, para atención médica.

Otra parte de las ganancias del Pukará son utilizadas para la preservación de las prácticas culturales de la comunidad. Por ejemplo, la comunidad de Quitor utiliza algunos de sus recursos para patrocinar celebraciones y carnavales comunitarios, incluso la compra y preparación de comidas tradicionales o la adquisición de instrumentos musicales tradicionales. Toda la comunidad participa en estas fiestas, que son de suma importancia para la transferencia de la cultura Atacameña a los jóvenes de la comunidad.

Y, como es posible imaginar, las generaciones jóvenes ocupan un lugar de importancia para la comunidad de Quitor. Son el futuro del pueblo. En Quitor, los dirigentes han notado que en los años después de asumir el manejo del Pukará, los jóvenes — muchos de quienes se han ido de la comunidad en busca de educación o trabajo — están, poco a poco, empezando a regresar. Los dirigentes de la comunidad han identificado como una de las principales razones de su regreso el importante número de oportunidades de empleo ahora disponibles, debido, en gran medida al turismo, tanto en Quitor mismo como en la zona circundante. El retorno a la comunidad de jóvenes que han vivido fuera de la comunidad conlleva nuevos desafíos para Quitor, pero son desafíos que la comunidad enfrenta felizmente porque hasta hace pocos años atrás, los jóvenes que emigraban rara vez regresaban a la comunidad.

Finalmente, otro beneficio para la comunidad de Quitor en relación al manejo del Pukará es el orgullo que sienten por él los miembros de la comunidad. El manejo exitoso del sitio no hubiera sido posible sin el esfuerzo y el apoyo constante de toda la comunidad. Su orgullo es justificado cuando uno considera lo que han logrado hacer. Los miembros de Quitor también reconocen la importancia de seguir el buen manejo del Pukará, no solamente para preservar su historia y cultura, sino también para demostrar — a través de actos concretos — al gobierno de Chile que puede tener confianza en Quitor y en otras comunidades Indígenas para otorgarles más control sobre sus propias tierras y culturas. La comunidad opera bajo la idea que si ellos no logran un buen manejo, habrán consecuencias negativas incluso en otros sitios, pero por el contrario, si superan las expectativas, crecen y se multiplican las oportunidades de ejercer control para todas las comunidades Indígenas.

Mirando Hacia El Futuro

Mientras que el manejo del Pukará por parte de la comunidad Atacameña de Quitor ya es un ejemplo significativo de libre determinación indígena en acción, los logros de la comunidad — en su propia estimación — son solamente el comienzo. La comunidad ya cuenta con planes para mejorar los senderos y la señalética que guían a los visitantes en su camino a la antigua fortaleza, incluso la construcción de un sendero elevado que sirva para el doble propósito de ofrecer una mejor vista del sitio y una mayor protección contra la erosión y destrucción de las estructuras. También existen planes para mejorar la entrada al lugar de manera que tenga un acceso más fácil para adultos mayores y personas discapacitadas. La comunidad ya ha tomado algunos de las medidas para abrir un pequeño restaurante donde se vendería comida tradicional Atacameña, un proyecto que generaría más recursos para la comunidad así como nuevos puestos de trabajo para miembros de ésta. Además de los ejemplos mencionados, la comunidad también tiene varios otros planes y proyectos para el futuro del sitio.

Otro de los objetivos centrales pretendidos por la comunidad a medida que avance, es obtener los derechos de propiedad sobre el Pukará y la tierra en que está construido. Esta ha sido un propósito de la comunidad por años, algo que no sorprende dado que los antecesores de ésta construyeron el Pukará y que la comunidad ha vivido por siempre en estas mismas tierras. La comunidad reconoce que sus experiencias positivas con el manejo del Pukará por más de una década son un apoyo importante para sus reivindicaciones territoriales. El manejo exitoso del Pukará no solamente ha servido para demostrar al gobierno de Chile las habilidades de la comunidad en cuidar su tierra, sino también ha contribuido a la capacitación de la comunidad en varios temas como la organización, la planificación, la definición de estrategias y la ejecución de decisiones tomadas, las cuales son claves para el éxito de cualquier demanda territorial. La experiencia obtenida del manejo del Pukará servirá a la comunidad de Quitor a medida que sigue trabajando para convertir en realidad sus nuevos objetivos y proyectos.

Conclusiones y Aprendizajes

Al nivel más básico, la libre determinación significa tener control sobre las decisiones que afectan a uno mismo y a su comunidad. La decisión de la comunidad Atacameña de Quitor de proteger el Pukará y las acciones que realizaron para hacerlo es fiel reflejo de la libre determinación en acción. Por supuesto todavía queda mucho trabajo que hacer, no solamente para mantener los logros obtenidos hasta la fecha sino también para aumentar el nivel de control y libre determinación ejercido por la comunidad. Pero, dicho esto, la comunidad de Quitor ya ha tomado varias decisiones positivas que servirán como fundamentos para seguir avanzando.

Finalmente, aunque resulta muy difícil identificar todos los criterios y factores que explican el éxito de la comunidad de Quitor, sí es posible sacar de su experiencia algunos aprendizajes básicos que puedan ser de beneficio para otras comunidades Indígenas quienes también están en el camino de crecer la libre determinación.

- *Importancia de la organización.* La experiencia del Pukará de Quitor demuestra la importancia de ser organizado. En primer lugar, la comunidad de Quito necesitaba estar organizada para tomar la decisión de acercarse al gobierno de Chile y tener argumentos en su favor para manejar del sitio.

También, necesitaba estar bien organizada para poder ejecutar en la práctica sus visiones de largo plazo y para poder superar los desafíos y obstáculos que enfrentaron.

- *Importancia de la planificación estratégica*. El manejo del Pukará es un esfuerzo sin fin. Por ello, para poder realizar su visión, la comunidad de Quitor tenía que proyectar y planificar a largo plazo. Para manejar el sitio de manera efectiva, tenía que establecer los mecanismos para asegurar la correcta ejecución de sus planes de largo plazo aún cuando la dirigencia de la comunidad estuviera sujeta a renovación cada dos años.

- *Construir capacidad paso-a-paso es una estrategia que funciona*. Aunque podría haber sido más fácil para la comunidad de Quitor si, desde un principio, hubiera tenido los derechos de propiedad sobre el Pukará y un monto significativo de dinero para manejarla, ese hecho nunca fue una opción realista. Entonces, la comunidad hizo uso de lo que sí tenían disponible. Primero lograron firmar un contrato de cinco años y obtener una pequeña cantidad de dinero. Eso, en combinación con su determinación y visión, le permitió mejorar el sitio paulatinamente. Y, con cada paso, la comunidad aprendió e incrementó sus capacidades para superar desafíos más grandes y alcanzar objetivos también mayores.

El Pukará de Quitor